This Book Belongs To

MANDALA
COLORING
PAGE 1

MANDALA
COLORING
PAGE 2

MANDALA
COLORING
PAGE 3

MANDALA
COLORING
PAGE 4

MANDALA
COLORING
PAGE 5

MANDALA
COLORING
PAGE 6

MANDALA
COLORING
PAGE 7

MANDALA
COLORING
PAGE 8

MANDALA
COLORING
PAGE 9

MANDALA
COLORING
PAGE 10

MANDALA
COLORING
PAGE 11

MANDALA
COLORING
PAGE 12

MANDALA
COLORING
PAGE 13

MANDALA
COLORING
PAGE 14

MANDALA
COLORING
PAGE 15

MANDALA
COLORING
PAGE 16

MANDALA
COLORING
PAGE 18

MANDALA
COLORING
PAGE 19

MANDALA
COLORING
PAGE 22

MANDALA
COLORING
PAGE 23

MANDALA
COLORING
PAGE 24

MANDALA
COLORING
PAGE 25

MANDALA
COLORING
PAGE 26

MANDALA
COLORING
PAGE 27

MANDALA COLORING PAGE 28

MANDALA
COLORING
PAGE 29

MANDALA
COLORING
PAGE 30

MANDALA
COLORING
PAGE 32

MANDALA
COLORING
PAGE 33

MANDALA
COLORING
PAGE 34

MANDALA
COLORING
PAGE 35

MANDALA COLORING PAGE 36

MANDALA
COLORING
PAGE 37

MANDALA
COLORING
PAGE 38

MANDALA
COLORING
PAGE 39

MANDALA
COLORING
PAGE 41

MANDALA
COLORING
PAGE 43

MANDALA
COLORING
PAGE 44

MANDALA
COLORING
PAGE 45

MANDALA
COLORING
PAGE 46

MANDALA
COLORING
PAGE 47

MANDALA
COLORING
PAGE 49

MANDALA
COLORING
PAGE 51

MANDALA
COLORING
PAGE 53

MANDALA
COLORING
PAGE 55

MANDALA
COLORING
PAGE 56

MANDALA
COLORING
PAGE 57

MANDALA
COLORING
PAGE 58

MANDALA
COLORING
PAGE 60

MANDALA
COLORING
PAGE 61

MANDALA
COLORING
PAGE 62

MANDALA
COLORING
PAGE 63

MANDALA
COLORING
PAGE 64

MANDALA
COLORING
PAGE 66

MANDALA
COLORING
PAGE 68

MANDALA
COLORING
PAGE 69

MANDALA
COLORING
PAGE 70

MANDALA
COLORING
PAGE 72

MANDALA
COLORING
PAGE 74

MANDALA
COLORING
PAGE 75

MANDALA
COLORING
PAGE 76

MANDALA
COLORING
PAGE 77

MANDALA
COLORING
PAGE 79

MANDALA
COLORING
PAGE 80

MANDALA COLORING PAGE 81

MANDALA
COLORING
PAGE 83

MANDALA
COLORING
PAGE 84

MANDALA COLORING PAGE 85

MANDALA
COLORING
PAGE 86

MANDALA
COLORING
PAGE 87

MANDALA
COLORING
PAGE 89

MANDALA COLORING PAGE 90

MANDALA
COLORING
PAGE 93

MANDALA
COLORING
PAGE 94

MANDALA
COLORING
PAGE 95

MANDALA
COLORING
PAGE 96

MANDALA
COLORING
PAGE 98

MANDALA
COLORING
PAGE 99

MANDALA
COLORING
PAGE 101

MANDALA
COLORING
PAGE 102

MANDALA
COLORING
PAGE 104

MANDALA COLORING PAGE 105

MANDALA
COLORING
PAGE 107

MANDALA
COLORING
PAGE 108

MANDALA
COLORING
PAGE 110

MANDALA
COLORING
PAGE 111

MANDALA
COLORING
PAGE 112

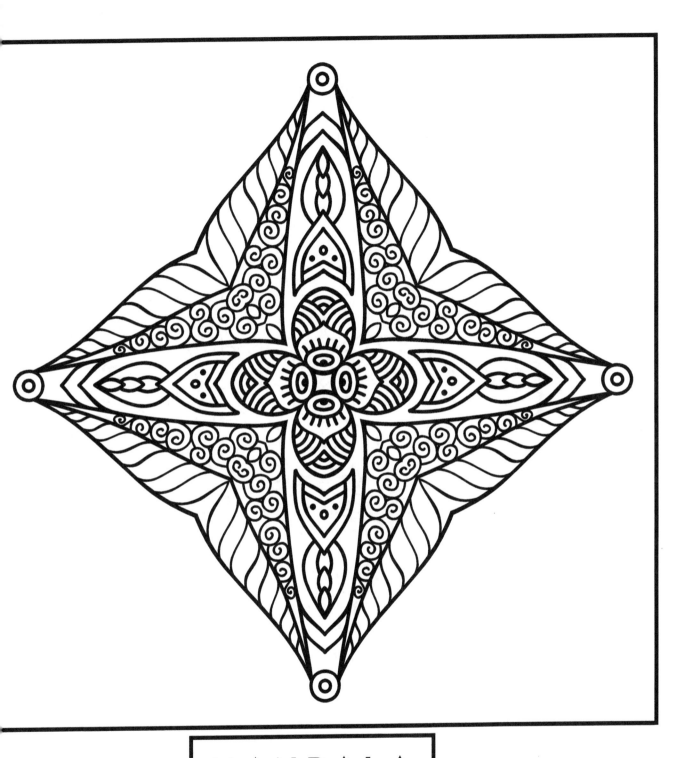

MANDALA
COLORING
PAGE 114

MANDALA COLORING PAGE 115

MANDALA
COLORING
PAGE 118

MANDALA COLORING PAGE 119

www.ingramcontent.com/pod-product-compliance
Lightning Source LLC
LaVergne TN
LVHW072157150125
801423LV00032B/1219